Mediterranea

a Eduardo Lauritano

Printed by CreateSpace, An Amazon.com Company

Publisher's Cataloging-in-Publication Data

Reale, Roberto

Mediterranea:
    / Reale, Roberto

ISBN: 979-12-200-1682-7 (print edition)

ISBN: 979-12-200-1683-4 (e-book edition)

First Edition

14 13 12 11 10 / 10 9 8 7 6 5 4 3 2 1

Mi vengono giorni che scrivere di Mediterraneo mi fa fatica, che sguardo e penna hanno voglia di slarghi in cielo, di panelachi, di guglie e di ponti. Invece quaggiù stringe troppo la denuncia di sé sempre esatta, estorta nella controra, la persistenza del dio.

Ma non importa, l'esercizio è da tentare comunque. Smemoratezza, distacco, fuga. Ma poi. È roba nostra comunque questo mare, e sarebbe scappare da sé: allora migliore è portarselo dentro sempre e goderne o soffrirne quando è il suo tempo, e scriverne.

Ringrazio Paola Francescangeli e Marco Russo.

Loro sanno perché.

parodo

Maestro

mi imponi ritorno
alle coste scorte quegli anni e forse
scordate

gridi richiami

ma fanciullezza è passata
e che vale se fosse ignara
meno di questi giorni maturi
meno di questa efficienza
fatta di cosa?

ma Itaca è fuori portata

allora a che gridi richiami? ancora?

di quanto sperammo
di quanto credemmo
lasciai andare la rotta
né mi resta ricordo
se non di spechi senz'occhi
aperti sull'erebo

e tu ancora
urgi il ritorno
alle spiagge remote
agli scogli
alla spuma fecondata
e irragionevole

è lontana da qui Itaca

eppure

mare i

crespo azzurro teso
panno steso d'azzurro
alle bande d'acciaio

supremazia d'un elemento
spiegato
tra lembi sterili d'un altro

ci sia feconda
la tua collera

ci sia magistero
il metro nascosto
dei tuoi capricci

ci sia fondamento
di tutti i giorni
attingere in te
scaturigine e termine

ci sia dato per sapienza estrema
di riconoscere
nel tuo esigere
nel tuo suggere
nel tuo uccidere
il saldo d'un debito

ci sia permesso
di amare in te
la tua crudeltà
il tuo nascondere
il tuo disvelare
il tuo farti
itinerario

generazione di mostri

per primi germinasti
i mostri azzurri
secreti di grembo estroso
che era ignara ancora
dei vomeri la terra
anomica ancora
molto prima che tutta intera
si afformicolasse di uomini

generazione di dei

secondi generasti gli dei

parole non invocate
parole vergini li facesti
quiete incorrotta
crudeltà ripiegata
senza vittime ancora
senza templi
né tempo

ché ne inscrivesti le vite
in troppo vasto circolo
vite di cristalli che mutano
lentamente

che non sanno l'andare

generazione di uomini

ci ripensasti

li avevi fatti ignari
di colpa gli dei
quasi fuori del nomos

e così germinasti
gli uomini
né spuma né abisso
né aureo medio
tra mostro e dio
ma in bilico
non stranieri alle vette
al tartaro neppure stranieri

ma disposti ad andare
i fianchi serrati
i sandali ai piedi
non ignari di urgenza

scoperta della terra

solchi di ombra nella terra
solchi nella carne gravida
sole estrae ombre gialle
vapori sospiri di bestia

la sera ingiungono partenza
i vapori che cercano il cielo
nati siamo stranieri alla terra
messe di tutte le terre

e ancora sapore di morsi
buona carne del mio sangue
e dei miei morsi nella carne
uguale me al sole evocante vapori

nomos

sovrano Nomos
amplesso eterno di tutti gli esseri
di ognuno egualmente governi il respiro vitale
a nessuno risparmiando la cognizione
di una soggezione dappertutto eguale
ma più dura ai mortali

mare ii

fatto marea
di lava cobalto
monti pian piano
come sonno che stemperi
il confine della coscienza

ti concedi
cautamente
all'ambiguità
o la ritrovi

e sei cavità mite
e desiderio erto
ventre senza confini
e impeto di voglia

pronto a poco a poco
al tuo desiderio
ad accoglierti
a conoscerti
a te stesso

cicladi

asciugandoti
t'irrigidisci
contraendoti
ti screpoli
in mille grani
esplodi
in schegge
di granata
rapprese
in marmo alieno
troppo bianco
in aghi duri di sole
tra stecche socchiuse

ti si levigano
le coste ignote
in liscia vigilanza
in candido logos
in autocoscienza
frammenti di te
che lasci andare
subito meno tuoi
benché
a dirla tutta ti ci
nuotano sopra come
fave nel brodo

argonauti

così nuovo il mondo
ha già confine

o limite o termine
estremo bordo
recinto
frontiera

misura

oltre cui non va
neppure la lancia scagliata
da un passo
ma dicono resti confitta nell'aria

vado

lascio
il mio campo
raccolgo brigata scelta di compagni
preziosa agli dei gioventù
se possa servire a obbligarne i favori
un dono di carne lungo la strada

poi tornare indietro a contare
magari con meno abbondandante
messe d'eroi
magari lasciata cadere
tributo all'andare
mia pelle già stata
già storia
io stesso mutato

è mio il viaggio
mio l'andare
e cosa esigerà il mare
in cambio di lasciarmi passare
che io non possa dargli?

io voglio
strofinare il ventre
delle mie navi sul suo
ventre antico

e poi non è vero che il mondo
sia nuovo
così tanto

stasimo i

due fili gemelli ci sono
e uno è presso il confine
i due s'intrecciano
senza stridere

due rivoli d'acqua ci sono
gemelli che cercano il mare
e uno è presso il confine
i due si mescolano
nascostamente
sotterranee acque

e ogni foglia giovinetta sui rami
del mio campo
ha l'eguale presso il confine
e così ogni petalo e spine
di rose selvatiche

di ogni specie vivente
pesci e uccelli e serpenti tra l'erba
di ogni specie due gemelli vivono
uno qui accanto a me
e l'altro presso il confine
accordando entrambi la rapida vita
su un modo comune

e di profumi e di balsami dolci
di spezie e d'unguenti d'Oriente
che si danno l'oncia al prezzo
di una notte
e d'armonie di cimbali e d'àuli
e di versi misurati dall'aedo
e di veli di regine

e di maschere di morti
nulla esiste che non abbia presso il confine il suo gemello

luce di candele
e le ombre
guizzanti sui muri
e calici di vino
accanto a una caccia copiosa
accanto al trofeo di un carniere rigonfio

e conchiglie e gabbiani e stelle marine
gemelli da esibire in reti gemelle
e alberi di navigli e sartie e fasciame
perduti sul mare...

io stesso fui
conchiglia delicata
muto pesce nel mare
pianta e uccello
e fanciulla e ragazzo
ma ora sento la mia vita
ridiscendere la china
inseguire le origini

ellade

cocci nell'arco luminoso del mattino
caleidoscopio di sprazzi rifratti
dispendio di seme splendente nella luce

poi frammenti di nero e di rosso
dispersi nel mare

la terra
quella pesante
quella ferma
ma strattonata dal mare
più verso il basso
la terra
ha ogni pietra dipinta di sangue
di roba
splancnica
di bile nera

ancora difficile o retrospettivamente
millantato
il sorgere del logos

minotauro

ogni andito
ogni piega
ogni diverticolo
del labirinto
promettono fuga
ma insidiosi mi tengono
tra le mura della tana
levigate
immutabili
conosciute

ormai non conto più i giorni
finché si incastrino in schema
sempre eguale le costellazioni
finché colmino il perimetro
del mio groviglio
gli stridi di fanciulli impuberi
due volte sette
femmine e maschi in parti eguali
e quasi
ignari di sesso

si aspettano che ne faccia scempio
e mi fuggono addosso
inondati da paura di bestie

sempre eguale terrore
se ne colmano gli sguardi
sempre eguale
gli schiaffeggia le nari
la fragranza della mia carne
sempre eguale a essere
troppo pronta a dargli retta

loro già edotti che il labirinto
sa troppi ingressi e nessun esito
che non sia la mia tana
che non sia la mia carne
né di costoro è concesso liberarmi

si aspettano che ne faccia scempio
e mi fuggono addosso
inondati da voglia di bestie
e un lampo di sfida o trionfo
negli sguardi e lo indovinano
che magari gli invidio
la rapida fine

la loro carne che già si apre
pressata dalla mia sempre
troppo prevedibilmente ridesta
da terrore o voglia di bestia
e intanto ho perso il conto
delle volte e degli squarci

attendo soltanto
chi il nomos comandi di spezzare
la ciclicità di questo tempo
perso nel groviglio di me
attendo soltanto ormai
un punto e basta

e poi il terrore a mia volta
mi prende e mi chiedo
se non sia già giunto
se non sia perso anche lui
nel suo labirinto
se non sia più questo il tempo
o il luogo giusto per attenderlo
se non siano anche i suoi occhi
dilatati da sensi bestiali
o se non venga qui per irridermi
giorno per giorno

lascio a marcire
carogne di gioventù
chiedendo che lo trascini
fin quaggiù la voglia
se ne abbia di eguali alle mie

e già si approssima la sizigia
degli astri nel cielo
e già ho deciso
rifiuterò stavolta il pasto
rifiuterò lo scempio
che non sia forse
tra i due volte sette giovani
il liberatore

ma se così non sia
risparmiandoli tutti
li farò miei compagni nell'attesa
riservando loro una sorte
certo peggiore
eguale alla mia

mare iii

rimpiattino di piaghe
sparse di sabbia
di sale di schegge
di carapaci spezzati

intrecci di luci e cupezze
tela franta dei fondali
rubrica di coralli
toccamenti di cnidarie

farandole di alghe
astuzie di polpi
matte cavalcate
di cavalli di mare

quali mostri increati
insidie mirabili
pensi ancora nei gorghi
quanti ne ascondi?

ma però quanta
infinita voglia di esplorarti
ci hai scritto tu dentro
che ti cercassimo
fino alle coste remote
fino ai fondali del profondo?

stasimo ii

nessun gesto è più antico
che impastare il pane
meno che mettere a dormire
le ossa dei morti
meno che dar sollievo alla carne
se chieda raschiamenti ulteriori

nessun gesto è più antico
che affondare il coltello
nella carne calda d'un uomo
che sia nemico o compagno
o giovane vergine dio
da restituire ai suoi pari

si mangia poi
per assorbire
per comprendere
perché non vada perduto midollo vitale
né si sciolga continuità tra i mortali

sono lo stesso pietà e violenza

limite

terre
protese nel mare
manciate di sassi
ambiguità di frontiere
ogni momento riplasmate
dal gioco dei flutti

come non lasciarsi
crescere e nutrire
dall'idea di avere di fronte
dall'idea di tendere
verso l'altro e l'altrove?

coscienza nascente
di un'umanità
che da ogni parte affolla le rive
e incrocia cammini
e tesse incontri
sul mare

mare iv

maestà di tutte le cose
che sono
tu tutto del cosmo
in te riposo
signore luminoso

oltre le pluralità apparenti
tu insegni che uno è ciò che è

sovrano di tutte le cose
che scorrono
origine di ogni movimento
fulcro di ogni ciclo
tu tutto produci
a tutto dai incremento
tutto accogli nel tuo grembo
nel termine che il nomos decreta

su di te s'impernia la distesa
della terra
e l'uno è all'altra
vicendevolmente
complemento e sponda
necessità e sostegno
e scelta

sirene

seduzione
sviamento
naufragio

volle trovare in noi sguardo d'uomo

ma noi eravamo semplicemente
attesa

ora mutarsi in schiuma
non altra via che questa
ché tanto
tutto muore nel mare
e rivive

odisseo

le lasciai da un pezzo le Sirene
sono ancora là temo
prigioniere di un prato fiorito
verrà anche per loro l'incontro
e la consapevolezza?

quanto a me
non so se confessare che
ho nostalgia di quei giorni

ormai è parecchio che vado per isole
che mi perdo nel cabotaggio piccolo

l'approdo lo tengo lontano
ci son nato sì
ci ho conosciuto donna
ho generato

ma è troppo grande il mondo là fuori
troppa febbre brucia ancora di vita
e Itaca è l'approdo e la pace

ho imparato ad apprezzare quel che si dà
di umano tra due che s'incontrano per caso
in un mercato di terre lontane

lo sguardo d'intesa
una stretta di mano virile
il calore dell'accoglienza
e anche la furbizia e il raggiro
tutto quanto c'è di umano negli uomini

come esser soli
se ogni uomo
ogni straniero
lo saluti compagno
alla smania che ti agita il sangue
se senti tua ogni terra
affacciata su un mare comune?

calipso

agli antichi tempi
appartiene il tuo amore
quando altri dèi altro sole
presiedevano al destino

però qui il sonno
di volta a volta
farmaco prezioso
ladro di sperienze
scambia con il dolore oblio
con vita altra vita

vorrei che morisse il tuo amore
e poi nel giorno nuovo
rinascesse intatto
come un granaio sigillato

però qui il tempo
s'avvolge qualche volta
in riccioli o spire
e sottrae agli sguardi
il suo gioco segreto

elisir di sole di terra d'erbe
mia patria trasmutata
che a me ti nascondevi
a dodici passi appena
t'ho ritrovata
son vicino a perderti ancora

però io disperso
in un letto a difendermi da tedio
o peggio da carezze
solventi sleali

segno della tua cura
o a ritrovarmi in autocratici gesti

mille volte l'ho passata
stanotte la frontiera
misticanza di sonno e veglia
esplosione di frammenti

quali ragioni dentro questa smania
di cercare sempre nel presente
un andersh una fuga
un essere diverso
il permesso di vivere portandomi
un segno segreto sottopelle?

eroe

immergere mani
in polle grosse
delle profondità
in quelle gravi
di sanie

urgere ansiti
da escrescenze
livide
astiose`
di polpo stanato
estrarne stille

sempre prima snudarsi
ma ditemi dove resta l'eroe
lasciato a mezzarsi
a estri altrui?

o magari insegnare a queste serpi
di dita maestria di studi
orgoglio di esecuzione
autogestita

stasimo iii

dei giorni ci siano preziose
anche queste cose
lo sguardo duro dell'avversario
la gemma amara dell'ingiustizia
la parola che scopre un compagno nell'uomo
che ci passa accanto

padre o lo straniero

da non lasciarsi conoscere
se non per via di violenza
se non da chi ignora
che sia vergogna
che sia timore
che sia angoscia
che sia censura
la sua carne

troppo coriacea
troppo antica
troppo sedimentata
la geologia di quella virilità
perché ne sia questione lieve

ma che sia
carne di uomo la sua carne
e non granito senza speranza
lo seppi già varcata la frontiera
con Itaca alle spalle
all'arco delle sue spalle
ritrose quando non guardi
e tenere e lo seppi
alle sue mani e lo seppi ancora
alla sua carne da dischiudere
per uscirne alla luce

terra

carne di tutti costoro
che lontani da Itaca
o risparmiati
o rectius sputati dal mare
si abbracciano alle rene
di questa terra

carne salda e vita sapiente
schermaglie virili di mani di sguardi
scambiati per strada
parole di succo appena offuscate
dal crescere lentissimo dei giorni
pienezza di non essere io uno soltanto
ma parte di molti
molti io stesso

mare v

dall'alto vorrei saperti
come albatro o gabbiano
che abita le tempeste
che non teme canto di risacca

dall'alto vorrei tracciarti
i confini infinitamente intarsiati
le tue curve frattali
più dolci delle ànche dell'amato

sono grani d'uva Tiro
ed Efeso e Smirne
e Cuma e Alessandria
grani d'uva di Corinto
afformicolati di uomini

sono cascate di guizzi
sul crespo dell'acqua
fremiti di corde di cetra
e campi di croquet
di salti di delfini

sono amabili
anche i mostri del tuo es
anche le collere
che ti corrono nel ventre

e dall'alto vorrei vederti
e parlare di te ai compagni
dall'alto magari d'un paio
d'ali rubate ai gabbiani
o artatamente divisate
da un padre
mastro d'inciarmi

stasimo iv

non è difficile sopravvivere
del passato è sufficiente
scordare fallimenti delusioni
ed errori e sofferenze
occasioni perdute e gli amori
sciupati e i piaceri non saputi

non è difficile sopravvivere
del domani non ammettere paure
esibirsi indifferenti se all'orizzonte
s'approssima il fantasma della vecchiaia
come sera copre lungamente
i passi dei monti

non è difficile sopravvivere
se un altro giorno si sa
s'aggiunge agli altri passati
e dunque ignoriamo la fame
e il sonno e la fatica
straziamoci le carni
affinché imparino a non concedersi
al desiderio

non ci è permesso ricordare
che è umana stirpe la nostra
debole vulnerabile
ma suscitiamo a noi stessi
una corazza d'acciaio
impenetrabile più che scudo d'Achille

approdi?

eppure mare c'era scritto
nella carne dell'uomo
non polvere
né terra impastata a sudore
ma acqua
acqua salsa
acqua di mare

e allora non ci è permesso ricordare
che è umana stirpe la nostra
umane vulnerabile stirpe

e ignoriamo la fame
e sonno e fatica
straziamoci le carni
affinché imparino a non concedersi
alla voglia di stare

nulla importa il gravame dei giorni
pur di sfiorare le rive e andare
non prima però di aver visto
empori fenici e barattate
ambre e conchiglie e saputi
di prima mano i modi
di amarsi nei porti sparsi
per le rive ma poi andare

non per tornarne cospicui
da pletorici bovi ammansiti
come prescrivono i saggi
a Itaca di pecunia o esperienza
o dottrina o perché ne sia
meglio pasciuta l'età grave

sazia nel letto stato in caldo

ma perché tracciare solchi
con le rapide navi sull'acqua
perché andare oltre il giro
stretto della terra
oltre la solidità
cara sotto i piedi
è destino d'uomo

né conta che sia di piccolo
cabotaggio la rotta di Odisseo
o di mare alto

perché andare ancora e ancora
e sì dispiegare ovunque astuzie
e voglia e tracotanza e male
a star lontani è umano
ma prestare orecchio
al canto di un altrove
onnipresente
è destino d'uomo

perché andare per andare
è destino di quanti ci sono mortali
e lasciarne i più fortunati
al mare gravame di carne
quando nomos fa essere sera

sacertà di quanto eternamente muta
eternamente a sé eguale
che non sanno misurare né il tempo
stabilito dalla madre
né l'esasperante incespicare dei secoli
né l'avvicendarsi piatto di stagioni
di opere e di giorni

era scritto mare in noi
e doveva essere
mare